¿QUIÉN GANARÁ?

ORCA

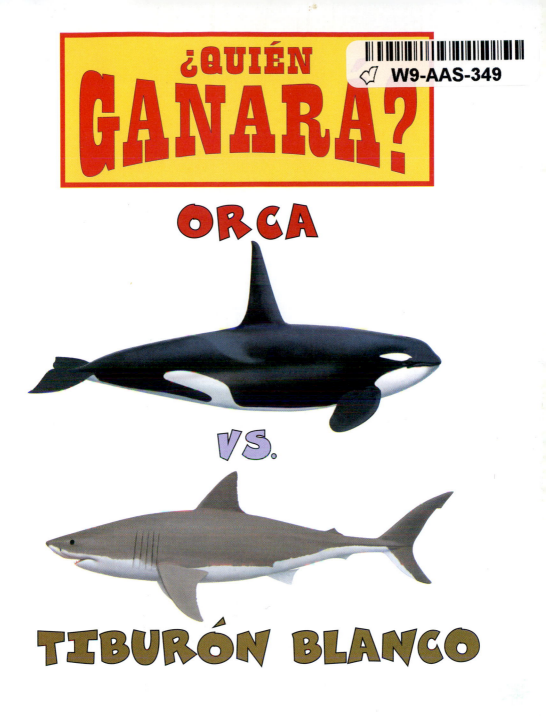

VS.

TIBURÓN BLANCO

JERRY PALLOTTA

ILUSTRADO POR
ROB BOLSTER

Scholastic Inc.

Por su autorización para usar sus fotografías en este libro,
la casa editorial agradece a:

photos ©: page 6: Courtesy of Skulls Unlimited; page 7: Seapics.com; page 12: pbpgalleries/
Alamy Images; page 13: geckophoto/iStockphoto; page 14: Brandon Cole Marine
Photography; page 15: Klein-Hubert/KimballStock; page 20: Alaska Stock LLC /Alamy
Images; page 21: Brandon Cole Marine Photography

Gracias a mis asistentes de investigación, Olivia Packenham y Will Harney.
—J.P.

Originally published in English as *Who Would Win?: Killer Whale Vs.
Great White Shark*

Translated by Juan Pablo Lombana

ISBN 978-0-545-92595-2

10 9   20

Printed in the U.S.A.   40

First Spanish printing 2016

¿Qué pasaría si una orca se encontrara con un tiburón blanco? ¿Qué pasaría si pelearan? ¿Quién crees que ganaría?

Conoce a la orca. Este animal es un mamífero marino. Respira aire a través de un espiráculo que tiene en la cabeza. Las orcas tienen pulmones, como tú. Deben aguantar la respiración bajo el agua.

ESPIRÁCULO

APODOS DE LA ORCA
MONSTRUO MARINO, ASESINA DE BALLENAS, BALLENA ASESINA

Conoce al tiburón blanco. Es un pez enorme que no puede vivir fuera del agua. Los tiburones y otros peces no respiran aire. Los peces obtienen oxígeno del agua que pasa por sus branquias o agallas.

Como la mayoría de los tiburones, el tiburón blanco tiene cinco hendiduras branquiales.

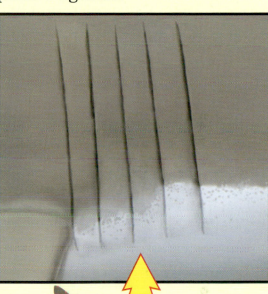

APODOS DEL TIBURÓN BLANCO
GRAN TIBURÓN BLANCO, JAQUETÓN BLANCO, MARRAJO, DEVORADOR DE HOMBRES

La orca tiene una enorme mandíbula con unos cincuenta dientes. Los dientes pueden medir casi cuatro pulgadas de largo.

Línea de la encía

TAMAÑO REAL

¿SABÍAS ESTO?

Si la orca pierde un diente siendo ya adulta, no le sale uno nuevo.

¡Así es el diente de una orca!

El tiburón blanco tiene una boca gigante con varias hileras de dientes afiladísimos. Da miedo mirarlos.

TAMAÑO REAL

¡Así es el diente de un tiburón blanco!

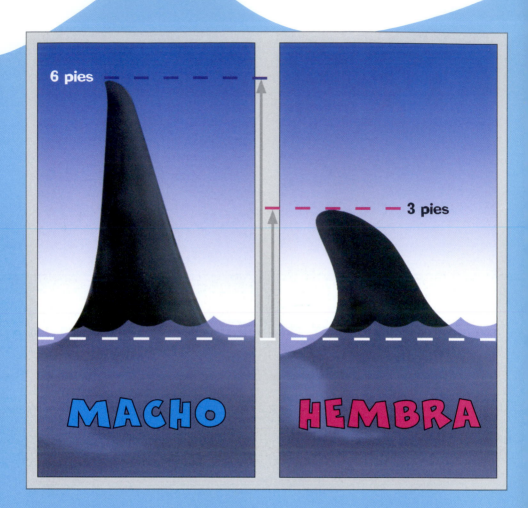

6 pies

3 pies

MACHO

HEMBRA

La aleta dorsal de la orca se ve así. La de la orca macho
puede llegar a medir seis pies.

Las orcas viven en todos los océanos.

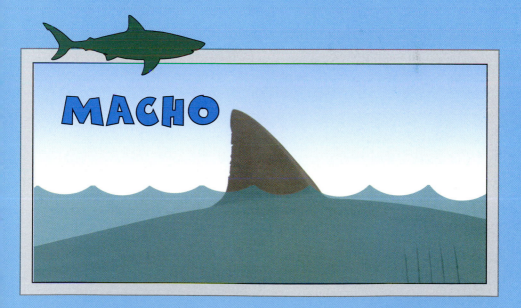

Los tiburones blancos macho y hembra tienen aletas dorsales parecidas.

Los tiburones blancos también viven en todos los océanos.

Las orcas comen carne. Su comida favorita son las focas y los leones marinos pero también comen salmón y otros peces. ¡Una vez, una orca fue vista en una playa capturando un alce y un venado!

La orca es la reina de la cadena alimenticia. No tiene enemigos naturales.

El océano es más como una red alimenticia que como una cadena alimenticia. En el océano, todos se comen casi todo lo que encuentran.

Los tiburones blancos comen
peces, pero también se les ha visto
comer focas, leones marinos y hasta
tortugas marinas. De vez en cuando,
han comido personas.

El tiburón blanco también ocupa un lugar
alto en la cadena alimenticia. Es el pez
depredador más grande.

*Al plancton diminuto
se lo comen los peces pequeños.
A los peces pequeños se los comen
peces más grandes. A los peces
más grandes se los comen
peces aún más grandes, y
así sucesivamente.*

MACHO

23 pies

19 pies

HEMBRA

Las orcas macho son más grandes que las orcas hembra.
Las hembras son unos cuatro pies más pequeñas.

Las orcas tienen huesos. Este es el esqueleto de una orca.

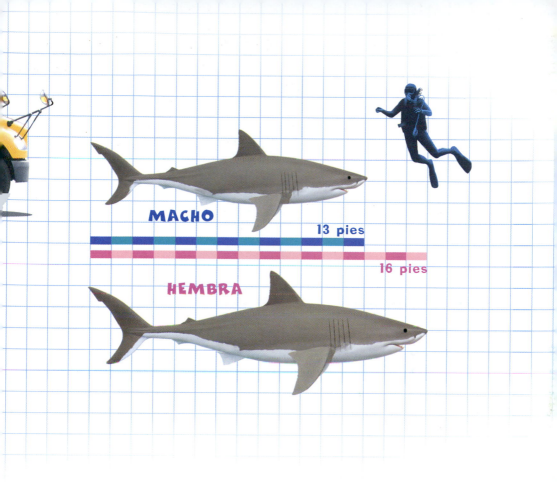

MACHO

13 pies

HEMBRA

16 pies

Las hembras de los tiburones blancos son más grandes que los machos. Las hembras son más anchas y unos tres pies más largas.

¡MIRA! ¡SIN HUESOS!

Los tiburones blancos no tienen huesos. El esqueleto de los tiburones está hecho de cartílago. Tócate la oreja. Tu oreja está hecha de cartílago.

Aunque son inmensas, las orcas pueden saltar completamente fuera del agua.

¿SABÍAS ESTO?

Es posible que las orcas salten por diversión, para quitarse piojos de la piel o para cazar peces o una foca.

En una pelea, ¿quién crees que ganaría? ¿Una orca o un tiburón blanco?

¿SABÍAS ESTO?

Se ha visto a los tiburones blancos saltar fuera del agua para cazar una foca o un león marino.

¡Vaya! ¡Los tiburones blancos también pueden saltar completamente fuera del agua!

¡Así que lee los datos! ¿Quién crees que lleva la ventaja? ¿Quién ganaría?

Al igual que otros mamíferos, las orcas tienen una aleta caudal horizontal.

Al igual que otros tiburones, los tiburones blancos tienen una aleta caudal vertical.

SONAR

Las orcas no tienen oídos. Detectan los sonidos que rebotan en los peces que se aproximan. Usan sonar para navegar, localizar otras criaturas en el océano y encontrarse unas a otras. Las orcas reconocen ecos y otras vibraciones en el agua. Esto se llama ecolocación.

Si estuvieras bajo el agua, una orca t vería así.

OLFATO

Si estuvieras bajo el agua, un tiburón blanco sentiría tu electricidad.

Los tiburones blancos tienen un sentido del olfato muy agudo. También pueden detectar la electricidad de otros peces y animales. Y saben si estás nervioso.

Las orcas viven en familia. Viven en grupos llamados manadas. Madres, padres, tías, tíos, sobrinos y crías comen, nadan y juegan juntos. Se cuidan unos a otros.

Los tiburones blancos son solitarios. Se ha visto a dos o tres cazando en equipo en algunas ocasiones. Pero por lo general, viajan, cazan y comen solos.

Las orcas pueden dejar de nadar y mantenerse a flote en un lugar. Pueden nadar a una velocidad de hasta treinta millas por hora. ¡En el mar, eso es muy rápido!

LÍMITE DE VELOCIDAD 30

Los tiburones blancos nunca dejan de nadar. El agua del mar debe pasar por sus branquias para que puedan obtener oxígeno. Nadan a unas dos millas por hora, pero pueden acelerar hasta llegar a veinte millas por hora.

¡Dato adicional!

Los tiburones blancos tienen una piel rugosa. Es como lija. La mayoría de los peces tiene escamas. Los tiburones tienen dentículos. Los dentículos son como dientes diminutos en la piel.

PRIMER PLANO DE LOS DENTÍCULOS DE LA PIEL DE UN TIBURÓN BLANCO

Cerebro de una orca

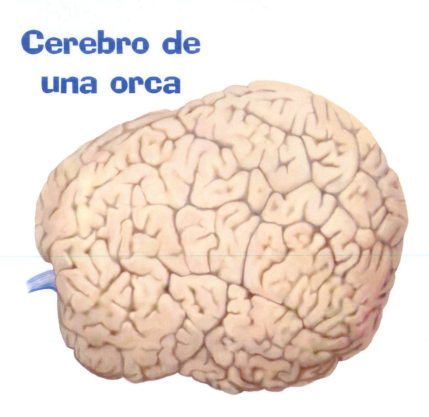

El cerebro de una orca es parecido al cerebro humano, solo que tres veces más grande. Las orcas son muy inteligentes.

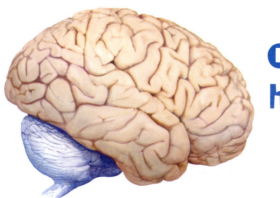

Cerebro humano

Cerebro de un tiburón blanco

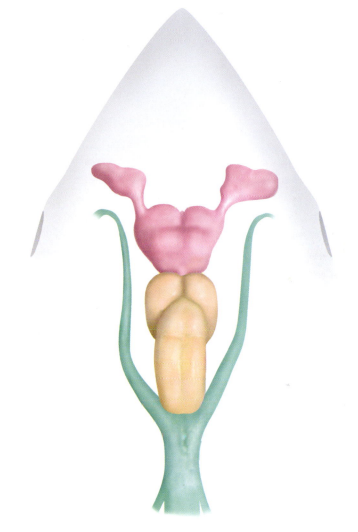

El tiburón blanco no tiene el cerebro redondo. Tiene diferentes secciones conectadas unas con otras. El cerebro tiene forma de "Y". Los científicos creen que cada sección está conectada a un sentido diferente.

Una orca puede ser capturada y entrenada para que viva en cautiverio y haga trucos. Las orcas son estrellas en algunos acuarios y parques temáticos.

Los tiburones blancos nunca han sobrevivido mucho tiempo en cautiverio. A Hollywood le encanta hacer películas sobre ellos. ¡Los tiburones blancos son estrellas de cine!

¿QUIÉN GANARÁ?
presenta

ORCA
VS.
TIBURÓN BLANCO

DATO DIVERTIDO
Tiburón es una de las películas más populares de todos los tiempos. Durante años, a los aficionados al cine les daba miedo nadar en el mar. Todo el mundo conoce la música: ¡Dun! ¡Dun! ¡Dun! ¡Dun! ¡Dun! ¡Dun!

¿Así que qué pasaría si una orca y un tiburón blanco se encontraran en el mar?

¿Y si son del mismo tamaño?
¿Y si los dos tienen hambre?
¿Y si se pelean?

¡Huy! ¡Llegaron al mismo lugar al mismo tiempo! Se
perciben el uno al otro. En la naturaleza hay mucha
competencia. ¡Cada uno está planeando el ataque!

A los tiburones blancos les gusta atacar desde abajo.
Las orcas atacan desde cualquier lado.
Se están acercando. Entonces, comienza la pelea.

¡CHAC!

El tiburón blanco hace su primera movida. Trata de atacar con sus afilados dientes. La orca es más lista y lo muerde. ¡Uno! ¡Dos! ¡Tres segundos! ¡Se acaba la pelea! ¡No hay duda! El feroz tiburón blanco no sabe qué pasó.

La orca ganó. ¿Qué piensas que pasará la
próxima vez que una orca se encuentre con
un tiburón blanco? ¿Quién ganará? ¿Crees
que el tiburón podrá ganarle a la inteligencia
superior de la orca?

¿QUIÉN LLEVA LA VENTAJA?

ORCA

TIBURÓN BLANCO

ORCA		TIBURÓN BLANCO
☐	Respiración	☐
☐	Dientes	☐
☐	Aleta dorsal	☐
☒	Tamaño	☐
☐	Aleta caudal	☐
☐	Olfato	☐
☐	Visión	☐
☐	Familia	☐
☐	Inteligencia	☐
☐	Velocidad	☐